PSALMEN UNSERER ZEIT

Gedichte und Verse zum Lob und zur Ehre Gottes

von

Helmut Steitz

Helmut Steitz

©2021

Herstellung und Verlag: BoD – Books on Demand, Norderstedt

ISBN: 978-3-7543-3663-2

Printed in Germany

Fotos: privat

Inhaltsverzeichnis

Vorwort

In unsicheren Zeiten sucht der Mensch einen festen Ankerpunkt, der ihm Hoffnung und Zuversicht gibt.

Helmut Steitz zeigt mit diesem Gedichtband in feiner und tiefsinniger Weise auf, wie dieser Halt in Gott und Jesus Christus gefunden werden kann.

Im Alltag begegnet uns der Ewige und gibt uns Mut für alle Lebenslagen.

Die Gedichte und Verse berühren auf eine angenehme Weise unseren inneren Menschen und zeigen die tiefe Geborgenheit und den wahrhaften Schutz, den man durch den Glauben erleben darf.

Die kontemplativen Texte eignen sich zum Nachsinnen und Meditieren und zum stillen und lauten Gebet.

Erfahren Sie Gottes positive, lebensverändernde Kraft und lassen Sie sich von seiner Liebe reich beschenken.

Bernhard Röckle

Leben, das sich lohnt

Ein Mensch hat längst schon eingesehen, so kann es doch nicht weitergehen. Er prüft sein Leben, hat erkannt, dass er sich von dem abgewandt, der ihn geformt, getragen hat. Stellt nüchtern fest: „Ich hab es satt!"

Belogen will er nicht mehr werden. Nimmt all den Schrott, der hier auf Erden für ihn bislang so wichtig war. Wirft ihn ans Kreuz und sagt sogar: „Herr Jesus, nimm mein Leben auf, zu dir nun schau ich lieber auf. Du hast das Beste für mein Leben, willst Liebe mir und Frieden geben.

Den Schmutz – du hast ihn abgewaschen. Komm ich zu dir mit leeren Taschen, wirst du sie füllen bis zum Rand. Und hältst mich stets bei deiner Hand!"

Du gibst das Leben, das sich lohnt!
Hast nicht mal deinen Sohn verschont.

Das Fundament

Ein Bagger gräbt sich tief hinein in die unebene Erde. Bis jetzt scheint alles unscheinbar – man fragt, was das wohl werde?
Doch der da gräbt, ihm ist bewusst, wozu das Ganze diene, sein Plan steht fest, kein Hin und Her und keine Zufallsschiene.

Es bleibt nicht bei dem tiefen Loch – es zeigen sich Konturen. Wo einst die Baggerschaufel war, erkennt man andre Spuren.

Mit Beton, schwer und auch massiv, wird es nun ausgegossen. Was haltlos war, wird nun stabil, gefestigt und geschlossen.

Ein jedes Bauwerk steht darauf und wird von ihm getragen. Ein jeder Mensch braucht's ebenso, will er das Leben wagen.

Das Fundament, es gibt uns Halt und lässt uns sicher stehen. Trotz aller Ströme um uns her, werden wir sie bestehen.

Wer gibt uns diese Sicherheit, zu steh'n und nicht zu fallen? Ist's der Versicherungsvertrag, an den wir uns so krallen?

Oder doch Haus und Hof und Feld und alles Materielle?
Das Glücksspiel und der Hauptgewinn, so einfach auf die
Schnelle?

Vielleicht gibt's da ja noch etwas, an das wir noch nicht
dachten? Sollten wir anstatt Weltlichem was andres noch
beachten?

Was bleibt uns, wenn wir unser Geld und Haus und Hof
verlieren? Wer hält uns wirklich, hält uns warm, damit
wir nicht erfrieren?

Wo gibt es die Gewissheit noch, dass dann, auch wenn
ich falle, jemand in meinem Leben ist, damit ich nicht
aufpralle?

Wer ist der, der mich nicht verhöhnt, mir aufhilft und
mich rettet? Und dessen Liebe mich befreit und nicht
länger ankettet?

Er will mein Fundament, mein Halt, mir alles sein im
Leben! Und was ich bisher so vermisst – er wird mir alles
geben!

Sehr lange habe ich gesucht und endlich den gefunden,
der mit mir durch das Leben geht – nicht nur für ein paar
Stunden.

Jesus – er ist mein Fundament, ich werde nicht mehr wanken! Durch seine wunderbare Kraft, da fallen alle Schranken!

Er füllt die Leere tief in mir, hält mich ganz fest umschlossen. Liebe, die nicht nach Leistung fragt – er hat sie ausgegossen!

Die Führung Gottes

Wenn einer eine Reise tut, muss er das Ziel auch kennen. Sonst nützt die beste Technik nichts – ihr muss er es ja nennen.

Navigation und GPS sind heut' das Maß der Dinge. Der Autofahrer schwört darauf – hört auf die sanfte Stimme.

Sie leitet ihn von A nach B und sagt ihm, wo es langgeht. Die Nächste rechts und danach links - solange die Verbindung steht.

Ist diese jedoch stark gestört, dann braucht es nicht mehr lange. Das Ziel ist nicht mehr anvisiert – das Ende: Autoschlange.

Auch Gott gab eine Stimme uns und sagt: „Die sollt ihr hören!" Die sanft in unsere Herzen spricht – ohne sie zu betören.

Wer ihr gehorcht – tut, was sie sagt, dem wird es wohlergehen. Er wird zum wahren Ziel geführt und darf den Vater sehen!

JESUS ist Gottes GPS – Navigation fürs Leben.
IHM kannst du dich ganz anvertrau'n – er will dir alles geben.

Bei ihm kommst du in keinen Stau, auch nicht an falsche
Orte. ER führt dich auf dem rechten Weg – glaub IHM
und seinem Worte.

Advent

Im Kerzenschein und Lichterglanz erscheint in diesen Tagen die Welt um uns, und trotz des Lichts gibt es so viele Fragen.

Das bunte Treiben um uns her, das festliche Bestreben, kann uns doch keine Sicherheit und auch nicht Antwort geben.

Wir suchen hier, wir suchen dort, und was wir hör'n und sehen, ist nicht das, was uns weiterbringt, wir wollen doch verstehen.

Was Sinn macht, hier in dieser Welt, doch scheint, trotz aller Lichter, dass unser Dunkel dunkler wird – schaut man in die Gesichter.

Was uns auch materiell umgibt, es kann den Durst nicht stillen, der tief in unserem Innern brennt – da helfen keine Pillen.

Auch hilft es uns nicht, wenn wir uns am teuersten beschenken, auch reicht es nicht, wenn man uns sagt, nur an Gutes zu denken.

Ein Licht, ganz klein und unscheinbar, ist in die Welt
gekommen und macht aus allem Dunkel hell, von dem es
angenommen.

Ein Stern, er leuchtet hell und klar und lässt die
Menschheit wissen:
„Wenn ich dein Leben ändern darf, wirst du nichts mehr
vermissen!"

Advent heißt Ankunft von dem Licht, nach dem die Welt
sich sehnte. Auch wenn sie es zu aller Zeit nicht glaubte
und ablehnte.

Doch Jesus Christus kann allein nur unsere Wunden
heilen. Er macht aus unserm Dunkel hell, die Freude
weicht dem Leiden.

Durch ihn sind wir in Gottes Hand, wer ihn hat, hat das
Leben. Kann es noch sonst wo auf der Welt diese
Gewissheit geben?

Das Kind im Stall zu Bethlehem kam zu uns auf die
Erde, damit aus unsrer Finsternis Advent und Friede
werde.

Der Früchtekorb

Ein Korb mit Früchten steht bereit - sind sie nicht eine Augenweide? Viel Liebe brauchte es und Zeit, damit es glänzt wie Samt und Seide.

Der Korb ist voll, zum Überlaufen; da lacht das Herz und auch der Mund. Die braucht man sich schon nicht mehr kaufen, ich wette, sie sind sehr gesund!

Gott gab uns diese, die ihr seht, ließ wachsen sie und uns empfangen. Mit seinem Geist, der treibt und weht, lässt er uns zu ihm hingelangen.

Und schenkt uns Früchte, die es nicht im Supermarkt zu kaufen gibt. Und die zu keiner Erntezeit auf einem Acker je erblickt.

Denn es sind Früchte, die er uns durch seinen Geist nur geben kann. Wer sie empfängt, der hat sie dann, und nicht nur manchmal, dann und wann!

Sie kümmert nicht die Wetterlage, ob Hoch, ob Tief ist ihnen gleich. Dort, wo ein Mensch zu Gott gefunden, blühen sie auf und er wird reich!

Liebe wird ihm ganz neu zuteil wie er sie niemals vorher kannte. Mit der er die selbst lieben kann, die er zuerst nur Feinde nannte.

Ganz neu lernt er die Freude kennen, die man ihm bisher immer raubte. Und er erkennt, dies war nur möglich, weil er noch nicht an Jesus glaubte.

Frieden – nicht dieser Welt – erlangt er, sondern den höchsten, den es gibt. Weil er von aller Last befreit ist und weil er weiß: Ich bin geliebt!

Damit er wachsen kann im Glauben, lehrt Gott ihn auch geduldig sein. Und als die Rebe seines Weinstocks wird er zum Schluss ein guter Wein.

Die Freundlichkeit in seinem Leben steckt Nachbarn, Feinde, Freunde an. Jeder, der diesem Mensch begegnet, erkennt, dass Gott ihn ändern kann!

Gütig begegnet er dem Armen, lädt ihn ganz einfach zu sich ein. Und feiert mit ihm Freudenfeste, lässt ihn nicht mehr alleine sein.

Treu ist er in all seinen Pflichten, ob Ehe, Arbeit oder Haus. Treu ist er auch zu seinem Schöpfer, lässt ihn in keinen Dingen aus.

Sanftmut ist seines Lebens Krone, nicht Hochmut oder Prahlerei. Stellt sich nicht über seinen Nächsten, er ist ihm auch nicht einerlei.

Bei allem, was die Welt so bietet, er kann getrost darüber stehen. Die Selbstbeherrschung macht es möglich, lässt prüfen ihn und weitergehen.

Gott schenkt uns Früchte, die wir sehen und Früchte, die sein Geist uns gibt. Von beiden dürfen wir genießen, er gibt sie uns, weil er uns liebt!

Drum all ihr Menschen, nehmt sie beide als ein Geschenk aus Gottes Hand. Der Herr, der diese Früchte machte, er führt euch sicher in sein Land!

Der rote Faden (Ein Hochzeitsgedicht)

Festlich begeh'n wir diesen Tag, drum sind auch alle so gekleidet. Haben den Alltag abgestreift, so dass ein jeder uns beneidet.

Rein äußerlich scheint alles schön, es glitzert, funkelt wunderbar. Selbst, wenn wir es genau betrachten, sieht man darauf nicht mal ein Haar.

Jedoch was nützt das Äußerliche, auch wenn es passt wie angegossen? Es ist nur Schein und niemals Sein, der wahre Mensch bleibt drin verschlossen.

Doch gibt es da noch andre Kleider, nicht übergroß, nicht von der Stange. Es gibt sie nicht im Katalog, auch wartet man darauf nicht lange.

Sie passen auch in allen Lagen, ob Alltag oder Festlichkeit. Auch sind sie niemals abgetragen, nicht abhängig von einer Zeit.

Weil sie nicht von Menschen gemacht sind, ist ihr Schmuck Unvergänglichkeit. Gott, der die Kollektion kreierte, hält sie für jedermann bereit.

Wer ihn erkennt, der lernt Erbarmen, von Herzen wie er uns getan. Begegnet gütig seinem Nächsten und nimmt ihn so, wie er ist an.

Das Kleid der Demut macht es möglich, dass er nicht besser von sich denkt. Lässt er von Gott sich damit kleiden, wird er von ihm ganz reich beschenkt.

Langmütig, mild und freundlich ist er, begegnet allen Menschen gleich. Und schenkt, was er von Gott empfangen; führt Menschen hin zu seinem Reich.

Als Wichtigstes der Garderobe zieht er die Liebe Gottes an. Weil ohne sie nichts passen würde, egal ob Kind, ob Frau, ob Mann.

In ihr gründet die ganze Mode in Gottes großem Kleiderschrank. Wer diese Liebe angezogen, empfindet Freude, Lob und Dank.

Weiß ist im Schrank die Einheitsfarbe, egal in welcher Konfektion. Und war das Alte noch so schmutzig, bekommst du Neues durch den Sohn.

Gott schenkt uns neue Festtagskleider, die nicht nur äußerlich uns kleiden. Mit ihnen brauchen wir nie mehr nur eines seiner Feste meiden.

Drum liebes Brautpaar, zieht sie an, auch ihr, die ihr heut' eingeladen. Dann zieht, was Gottes Liebe kann, durchs Leben wie ein roter Faden.

Die dreifache Schnur

Sie schnürt den Schuh, auch das Paket, ist vielfältig zu finden. Auch Blumensträuße für ein Fest lassen sich mit ihr binden.

Sehr sinnvoll ist es aber auch, sie manchmal abzustreifen. Denn danach lässt sich's mühelos nach den Geschenken greifen.

Sie dient uns aber auch als Halt in manchen Lebenslagen. Denn hat man sie zum Seil gewirkt, kann sie uns sogar tragen.
Und auch so manches Hindernis, das uns den Parkplatz sperrte, wird mit ihr aus dem Weg geräumt, ganz ohne eine Fährte.

Nicht nur in Technik, sondern auch im miteinander leben will sie uns unsre Hilfe sein, im Nehmen und im Geben.

Als Einzelfaden ist sie schwach, zu zweit wird sie zerschlissen. Doch wenn der Dritte mit im Bund, wird sie nicht mehr zerrissen.

Nehmen wir ihn doch einfach an, den Dreifachschutz vom Vater. Er ist uns Hilfe, gibt uns Kraft, und auch unser Berater.

Dreifach gesichert können wir den Lebensweg beschreiten. Denn er ist mit uns – jetzt und hier – und stets zu allen Zeiten!

Zu keiner Zeit

Zu keiner Zeit will ich allein, nicht schwach und auch nicht hilflos sein. Meine Gedanken und mein Tun soll'n stets in Gottes Frieden ruh'n.

Zu keiner Zeit soll mir dein Wort, dein Wille und dein Handeln verfremdet sein – will allezeit es hören, darin wandeln.

Zu keiner Zeit bist du mir fern, den Atem kann ich spüren. In deiner Liebe rätst du mir: Komm, lass dich von mir führen!

Zu keiner Zeit war ich allein, mein Gott ist mein Begleiter. Er führt mich recht auf seinem Weg, geht mit mir immer weiter.

Zu keiner Zeit gibst du mich auf, auch wenn ich strauchle, falle. Du bist mein Retter und mein Gott – nicht mehr das Kind im Stalle.

Zu keiner Zeit war ich dir fremd, auch als ich dich nicht kannte. War dein Geschöpf – bin nun dein Kind als sich mein Leben wandte.

Mit dir will ich durch Leben geh'n, will freudig dich bekennen. Und will dich allezeit mein Gott und auch mein Vater nennen.

Gewissheit

Gewissheit ist ein hohes Gut. Sie festigt uns und macht uns Mut. Gerade auch in diesen Zeiten soll sie sich mehr und mehr verbreiten.

Denn ungewiss ist alles heut, die Flut der Medien, sie streut. Wir hören dies und sehen das. Dies macht am Ende keinen Spaß.

Denn was nun kann ich wirklich glauben? Wird dies mir den Verstand noch rauben?
Ich hab genug von falschen Daten und vom vermeintlich großen Braten. Es wird uns immer suggeriert: „Ich habe fleißig recherchiert!"

Doch muss man ständig neu erkennen: Das alles ist nicht wahr zu nennen! Bei näherer Betrachtung nun hat dies mit Wahrheit nichts zu tun!

So ist am Ende eins gewiss: Dass alles Ungewissheit ist!

Jedoch es gibt sie irgendwo. Die Tatsache, sie stimmt mich froh. Dass es Gewissheit wirklich gibt. Und dass dies keine Meldung trübt!

Ganz gleich, was Medien versenden. Gott kann und will dies alles wenden! Wer's will, der darf's im Herzen fassen. Und sich von ihm beschenken lassen.

Mit der Gewissheit, die nicht lügt. Und keines Menschen Herz betrübt! Wir geh'n durchs Leben unbeirrt, wenn dies uns zur Gewissheit wird!

Du denkst an mich

Ich denke an vergang'ne Zeiten, lass mich von Erinnerungen leiten, die mich in ihren Bann gezogen. Hab's Loslassen niemals erwogen.

Zu schön sind doch diese Gedanken, die sich in meinem Herzen ranken. Das Alte hab ich lieb gewonnen und könnt mich ständig darin sonnen.

Aber das Alte ist vorbei. Das Kartenhaus, es fällt entzwei. Denn Neues ist nun angesagt, für den, der's Leben mit dir wagt.

Befreit von der Vergangenheit seh' ich: Das Neue steht bereit. Muss nicht an alten Zeiten kleben – du willst mir was viel Bess'res geben.

Du kennst meine Vergangenheit, trotzdem bist du dazu bereit, mein Leben nicht daran zu ketten.
Du kamst, um mich davon zu retten!

Du denkst – und hast an mich gedacht, befreist mich von der dunklen Macht.
Meine Gedanken willst du lenken. Mit Gaben deines Tischs beschenken.

Du denkst an mich an jedem Tag. Auch wenn ich gar nichts wissen mag von dir und deinen weisen Worten. Dein Geist erhebt mich zu den Orten, wo du mir stets begegnen willst und meine große Sehnsucht stillst.

Du denkst an mich, nichts kann uns trennen. Ich darf mich Sohn des Höchsten nennen. Darf wissen, dass du ohne Frist tagtäglich immer bei uns bist!

Genüge ich?

Genüge ich in dieser Zeit, wenn alles nach Vollkomm'nem schreit? Genügt das Denken der Gedanken? Oder beginnt mein Bild zu wanken?

Das ich von meinem Leben habe. Hört mir gut zu, was ich hier sage!

Genügst du in der Arbeitswelt, genügt am Ende dir dein Geld? Hast du der Freude stets genüge? Oder ist alles eine Lüge?

Kannst du dich noch am Leben freuen, ohne Missgunst und Hass zu streuen? Geht es bei dir auch ohne Streiten? Selbst wenn es bläst von allen Seiten?

Ja, all dies wird dir nur gelingen, wenn in dir andre Lieder klingen als diese Welt sie singen kann!
Egal ob Frau, ob Kind, ob Mann.

Das Liebeslied, von Gott gegeben, das ändert alles – auch dein Leben! Hat Gott es dir ins Herz geschrieben, kannst du die Welt zur Seite schieben.

Und du erkennst durch Gottes Geist, was wirklich Leben, Lieben heißt. Deine Gedanken werden reifen. Dass du genügst, wirst du begreifen!

Wo Gottes Geist regiert und weht, nichts als die Kraft der Liebe steht! Drum, leb' getrost, sei unverdrossen. Gott hat sie in dein Herz gegossen!

Mit deinen Augen

Mit deinen Augen will ich seh'n. Mit deinem Blick durchs Leben geh'n. Den Spiegel kannst du vor mich halten. Und mich nach deinem Bild gestalten.

Mein Herz mit deinen Worten füllen. Mein Ego wie Papier zerknüllen. Abnehmen muss ich – und du zu! Sonst kommt die Seele nie zur Ruh.

Mit deinen Augen will ich seh'n, auch wenn mein Nächster unbequem; soll er doch dich in mir erkennen! Will ihn mein Freund und Bruder nennen!

Du siehst die Welt mit deinen Augen; die Welt sieht weg – das kann nichts taugen! Wollen wir uns nicht ganz vernichten, muss unser Aug' zu dir sich richten!

Das große Vorbild bist du allen; lassen wir uns es doch gefallen; dass du uns alle ändern kannst; bevor du uns alle verbannst.

Das ist es, was du niemals wolltest. Drum, Mensch bedenke, was du solltest. Lass dir doch Gottes Liebe schenken; er gibt sie dir – ohne Bedenken!

Dann werd ich seh'n mit deinen Augen; lass mir von niemand etwas rauben, was ich von dir empfangen habe; dank dir, mein Gott, für jede Gabe!

Frieden

Ein jeder spricht es täglich aus; was unser Wunsch hier
ist auf Erden. Schöner als jeder Blumenstrauß; und auch
viel größer soll er werden.

Wir nehmen's alle in den Mund; es ist das Stichwort
unsrer Tage. Ganz gleich wo, auf dem Erdenrund
beherrscht's den Inhalt jeder Frage.

Wir alle sehnen uns danach; obwohl ihn jeder von uns
liebt liegt er bei vielen Menschen brach. Wir fragen uns,
ob es ihn gibt?!?

Die Rede ist hier nicht vom Geld; nicht vom Besitz und
Materiellen. Es geht nicht um das Himmelszelt; nicht um
die Intellektuellen.

Frieden – das ist kein leeres Wort; es ist nicht, was wir
Menschen denken! Auch wenn ein jeder hier sofort die
ganze Menschheit will beschenken.

Frieden kann man nicht produzieren; man hat ihn nicht
auf Lager steh'n. Will man den Frieden etablieren, muss
man zum Friedefürst hingeh'n.

Denn er schenkt uns den echten Frieden, den diese Welt nicht kennt, nicht kann; er gibt, dass jeder hier hienieden im wahren Frieden leben kann.

Der Friede Gottes, er ist weiter als diese Welt je denken mag. Nimm ihn doch mit als dein Begleiter; für gestern, heute und für jeden Tag.

In diesem Frieden darfst du leben, in diesem Frieden darfst du ruh'n. Gott will dir seinen Frieden geben; du brauchst nur dein Herz aufzutun.

Lass dir doch diesen Frieden schenken; Gott gibt ihn gerne überreich. Er will auch dein Herz dahin lenken; bei ihm sind alle Menschen gleich.

Der Fels

Majestätisch, groß und mächtig steht der Fels vor unsren Augen. Sicher ist die Aussicht prächtig; keiner kann uns diese rauben.
Wenn wir auf dem Gipfel stehen und die Winde um uns wehen.

Kommt, lasst uns den Fels besteigen, gehen bis zum Gipfel hin. Und damit den andern zeigen, diese Tour ist ein Gewinn.

Freudestrahlend steh'n wir oben; seh'n uns an der Landschaft satt. Und wir fangen an zu loben den, der dies geschaffen hat.

Herr, du hast all dies erschaffen, du zeigst uns wie groß du bist. Der Verstand kann gar nicht raffen wie groß deine Größe ist.

Doch das Herz will es begreifen, wenn wir auf dem Felsen steh'n. Die Erkenntnis, sie darf reifen und ein Stück vom Ganzen seh'n.

Und wir dürfen auch erkennen, dass du unser Felsen bist. Frei will ich den Namen nennen; du bist es, Herr Jesus Christ!

Gnade

Wir lassen uns so gern beschenken, nehmen die Dinge gerne an. Oft ohne größer nachzudenken und ohne, dass man's fassen kann.

Geschenke sind was Wunderbares, erfreu'n das Herz und auch den Sinn. Vor allem, wenn es etwas Rares, erachten wir's als ein Gewinn.

Doch ein Geschenk ist so 'ne Sache, wozu es dient wird erst dann klar, wenn ich es nehme und aufmache und sehe, ob's das Richt'ge war.

Doch ein Geschenk brauchen wir alle; dies ist ganz sicher auf der Welt. Teuer ist es in jedem Falle – aber uns kostet es kein Geld.

Wo ist denn so etwas zu haben? Wer macht uns so ein Angebot? Gott schenkt uns dies durch seine Gaben, begegnet damit jeder Not!

Durch Gnade darf ich zu ihm kommen; durch Gnade, da vergibt er mir. Hat mir die Sünde abgenommen und sagt: „Mein Kind, ich bin bei dir!"

Ich kann und brauche nicht bezahlen, was er durch seine Gnade gibt. Der für mich litt die großen Qualen sagt, dass er ohne Geld mich liebt!

Auch brauche ich mir's nicht verdienen; er gibt es mir, auch ohne Geld. Die Gnade Gottes ist erschienen für mich und für die ganze Welt!

Aus Gottes Gnade darfst du leben; in dieser Gnade darfst du ruh'n. Gott kann und will dir alles geben; durch seinen Geist will er es tun.

Gloria

Gloria dir, dem Herrn der Herren. Gloria dir, von nah und fern. Gloria dir, dem Allerhöchsten; Gloria dir, dem Morgenstern.

Gloria dir, du guter Hirte; Gloria dir, du bist die Tür. Gloria soll mein Herz dir sagen; Gloria dir, du meine Zier.

Gloria, meines Herzes Wonne; Gloria dir, Herr Zebaoth. Dein Wort, Herr, das ist meine Sonne; ja, nur du, Herr, allein bist Gott!

Gloria singt die ganze Erde; Gloria ruft der Himmel aus. Dass allein dir, mein Gott nur werde Ehre, Lob, Preis und der Applaus.

Das Universum bringt dir Ehre; erhebt dich, Herr, von früh bis spät. Ein jedes Herz zu dir sich kehre und betet an die Trinität.

Gloria hört man aller Orten; dem, der da kommt und ist und war. Gott öffnet uns die Himmelspforten; reicht uns die Hand zum Segen dar.

Unser Gott lebt, er hat gewonnen, weil er dem Tod den Stachel nahm. Und sein Reich hat in uns begonnen als Jesus auf die Erde kam.

Gloria wollen wir dir singen; all deine Kinder stimmen ein. Wir wollen dir die Ehre bringen, denn dies gebührt nur dir allein!

Der sanfte Wind

Ein sanfter Wind weht still und leise so, dass man ihn kaum hören kann. Schickt viele Blätter auf die Reise und er treibt auch die Wolken an.

Der sanfte Wind, er bringt uns Kühlung; wir alle spüren seinen Hauch. Ganz zart und sanft ist diese Fühlung, tut Menschen gut, den Tieren auch.

Nicht nur alleine für das Wetter ist so ein Wind von Gott gemacht. Pneuma schickt er uns, unser Retter, auch dieser weht ganz still und sacht.

Der Geist von Gott, für uns gegeben, führt uns zur ganzen Wahrheit hin. Wir dürfen kommen und ihn nehmen, er gibt dem Leben einen Sinn.

Er ist uns Beistand, ist uns Leitung, zeigt uns den Willen Gottes auf. Sein Wort kommt dadurch zu Verbreitung, schließt uns die Himmelspforte auf.

Durch ihn, da werden wir erkennen, was Gottes Willen für uns ist. Werden Gott Herr und Vater nennen, bekennen frei: Ich bin ein Christ!

Sein Wort wird klar dadurch und fester, lehrt uns die Wege Gottes seh'n. Der Heil'ge Geist ist unser Bester und hilft, dass wir sein Wort versteh'n.

Der sanfte Wind, er weht auch heute, lass ihn doch reichlich um dich weh'n. Gott sucht auf dieser Erde Leute, die in dem sanften Winde geh'n.

Mit dir, Herr

Mit dir, Herr, wird es uns gelingen, dass wir über die Mauern springen. Mit dir, Herr, werden wir es schaffen, dass keine Gräben zwischen Menschen klaffen.

Mit dir ist unser ganzes Leben nicht nur ein Nehmen, sondern auch ein Geben. Mit dir wird unser Ego klein; denn dein Geist macht die Seele rein.

Mit dir, Herr, werden wir erleben die Heilung für das ganze Leben. Krankheit kann bei dir nicht bestehen; du sprichst ein Wort und sie muss gehen!

Mit dir ist unsre Nacht zu Ende; du schaffst durch deinen Geist die Wende. Du reinigst unser Leben ganz; alles erstrahlt in neuem Glanz.

Mit dir, Herr, ändert sich das Denken; statt Hass kann ich nun Liebe schenken. Und es entsteht durch deine Nähe viel Frucht, die ich durch dich, Herr, säe.

Mit dir, Herr, und durch deinen Segen werden wir Liebe weitergeben. Und durch den Glauben und Vertrauen an deinem Königreich mit bauen.

Mit dir, Herr, ist es uns gelungen, das Böse ist im Sieg verschlungen. Du hast all dies für uns errungen; drum sei nur dir, Herr, Lob gesungen.

Satt werden

Wer Hunger hat, der kauft sich was; so sind wir es
gewohnt. Dabei kauft man sich dies und das; so viel, dass
es sich lohnt.

Die Selbstverständlichkeit regiert; wir greifen gerne zu.
Und schauen alle ganz pikiert; Rücksicht ist da tabu.

„Wer hat, der hat", so heißt es doch; ein jeder daran
denkt. Wir alle horten noch und noch – man kriegt ja
nichts geschenkt.

Es ist ein Zwang, der uns bestimmt; ein altes Sprichwort
sagt, dass jener, der nicht gerne nimmt, das Leben auch
nicht wagt.

So nehmen wir uns mehr und mehr und merken nicht
dabei, die Seele, sie wird dadurch leer, das Leben bricht
entzwei.

Bei allem, was uns angedeiht, sind wir sehr gut beraten,
Gott Dank zu sagen – allezeit, nicht nur beim
Sonntagsbraten.

Denn nicht aus unsrer eig'nen Kraft können wir uns den
leisten. Die Gnade Gottes uns dies schafft – sie brauchen
wir am meisten.

Sind wir uns dessen wohl bewusst, wird Dankbarkeit uns leiten. Und es verschwinden Kälte, Frust auch schon beim Zubereiten.

Mit Lob und Dankbarkeit wollen wir alles das genießen, was Gott für uns bereitet hat, in alles ihn einschließen.

Die Liebe Gottes sorgt dafür, dass wir alle auf Erden nehmen, und dies im Überfluss – und schließlich auch satt werden!

Gott gibt uns Speise und noch mehr, wohl dem, der auf ihn hört. Er ist es, unser großer Herr, dem alles hier gehört.

Gott allein

Gott allein gebührt Anbetung, ihm allein gebührt die Ehr.
Gab den Sohn, uns zur Vertretung, seine Worte sind nicht
schwer.

Gott allein ist Herr der Herren, er gibt deinem Leben
Sinn. Wenn die Herzen sich nicht sperren, ist der Friede
dein Gewinn.

Gott allein kann alles wenden, gar nichts ist für ihn zu
viel. Seinen Geist will er uns senden, bringt uns sicher an
das Ziel.

Gott allein will Menschen retten; jeder wird bei ihm
belohnt. Todesangst wir alle hätten, wenn er seinen Sohn
verschont.

Gott allein nur kann erlösen; Jesus war das Pfand dafür.
Und es weicht die Macht des Bösen; sein Erlösungswerk
gilt dir!

Du brauchst keinen andern nennen, geh direkt zu Jesus
hin. Und du darfst durch ihn erkennen, mit ihm sprechen,
das macht Sinn.

Niemand kennt dich, Mensch, genauer; gibt der Seele ein Zuhaus. Sein Geist schenkt dir neue Power, füllt dir deine Sehnsucht aus.

Brauchst dir keinen Kopf zu machen, er weiß, was das Herz erfreut; und auch all die andern Sachen, du darfst sie erbeten heut'.

Er gibt mehr als wir erdenken – über Bitten und Versteh'n. Lass dich doch von ihm beschenken, und das Beste nicht entgeh'n!

Schlussbemerkung

Alle Ehre, aller Dank und Lob gebührt Gott dem Vater, dem Sohn und dem Heiligen Geist für die Gnade, dieses Buch zu schreiben.
Es war, ist und bleibt mir eine Freude, mit diesen Zeilen den zu verehren, dem Ehre und Anbetung gebührt.

Helmut Steitz